MÉMOIRE

SUR LA

LIBERTÉ DES THÉATRES

PAR

DUVEYRIER-MÉLESVILLE FILS

PARIS

LIBRAIRIE NOUVELLE

15, BOULEVARD DES ITALIENS

A. BOURDILLIAT ET Cie, ÉDITEURS

1861

MÉMOIRE

SUR LA

LIBERTÉ DES THÉATRES

C'est par la satisfaction des intérêts moraux et matériels de chacun, qu'un gouvernement assure la prospérité publique ; il n'y a donc pas un individu, et, à plus forte raison, pas une classe de citoyens, si minime qu'elle soit, qui n'ait le droit d'adresser au pouvoir des vœux ou des plaintes que le plus souvent celui-ci ne peut pas deviner.

En admettant, ce qui est discutable, que le théâtre ne soit qu'un plaisir, plaisir innocent, grâce à la censure, utile par conséquent et le plus intelligent sans contredit, puisqu'il existe pour tous les âges, pourquoi donc est-il si limité ? Il est limité parce qu'il coûte cher ; il coûte cher parce qu'il est rare; il est rare parce qu'il n'est pas libre ; pourquoi donc n'est-il pas libre?

Si, sur cette question, le gouvernement s'inquiète d'autre chose que de la prospérité factice des théâtres existants ou plutôt de la fortune de leurs directeurs privilégiés, ce qui n'est pas douteux, il reconnaîtra bientôt que le nombre des théâtres actuels n'est plus en rapport avec la population sédentaire et flottante de Paris et il l'augmentera dans l'intérêt des travailleurs et surtout du public dont la grande majorité ne trouve, par moments, de place nulle part et ne peut, en aucun temps, satisfaire confortablement et économiquement un goût glorieusement national. Mais sur quelles données fixera-t-on le nombre des nouveaux théâtres et, quel que soit ce nombre, ne deviendra-t-il pas sans cesse ou trop fort ou trop faible, s'il ne se règle pas lui-même librement selon les besoins de la population qui est variable aussi bien que l'intelligence attractive des producteurs de ce plaisir?

Il s'agit donc d'une véritable révolution et non d'une simple réforme inspirée par de futiles récriminations plus ou moins fondées, contre les directeurs qui s'endorment dans les délices du monopole; contre les acteurs influents qui sacrifient les œuvres à leurs rôles; contre certains auteurs enfin qui accaparent les différentes scènes et abusent, soi-disant, au détriment de leurs confrères, des traités communs dont ils violent les statuts.

Selon nous, le problème qu'on doit s'efforcer de résoudre est la fondation du théâtre à bon marché. On peut faire pour le théâtre, en le démocratisant, c'est-à-dire en le mettant à la portée de tous, ce qu'on a fait pour la voiture en établissant l'omnibus.

Pour atteindre ce but, il faudrait obtenir du gouvernement deux choses : 1º la liberté d'exploitation théâtrale ; 2º la modification des lois de police concernant les théâtres.

I

LIBERTÉ D'EXPLOITATION

Que les théâtres impériaux subventionnés, qui sont les
conservateurs consacrés des chefs-d'œuvre du passé et la
terre promise à toutes les gloires contemporaines de l'art
dramatique, soient dans les mains du gouvernement, rien
de mieux; mais qu'en dehors, et peut-être à cause d'eux,
on limite le nombre des autres théâtres, nous ne pouvons
en comprendre l'utilité. Seule, la liberté peut et doit finir
par satisfaire tous les intérêts : ceux du gouvernement
qui, en accordant à tous ce qu'il n'accorde qu'à quel-
ques-uns, échapperait à la responsabilité directe ou in-
directe qu'il a en ce moment, de tout ce qui se fait dans
les théâtres; ceux des auteurs, compositeurs, acteurs,

décorateurs, costumiers, etc., etc., qui, au lieu de l'encombrement effroyable qui existe partout, trouveraient un débouché immense pour leurs travaux, limités uniquement par la consommation ; ceux du public, enfin, qui, selon ses goûts, ses besoins, et surtout ses ressources, se procurerait, au meilleur marché possible, un plaisir dont il peut se montrer fier et qui est sans danger, car avec la censure sur la scène, la police dans la salle et des pompiers dans les coulisses, la moralité, l'ordre et la sécurité doivent régner dans tout théâtre.

Quant aux ennemis naturels de cette liberté, c'est-à-dire les directeurs privilégiés actuels, qui sont en apparence les plus intéressés à la repousser, ils se trompent s'ils croient que leur clientèle en serait diminuée. Loin de là, elle augmenterait au contraire : lors de l'établissement des omnibus, tout le monde était convaincu que, par cette concurrence à bon marché, les voitures de place se trouveraient ruinées ; or, le nombre des voyageurs fut seulement considérablement augmenté et chacun y gagna.

D'ailleurs, de bonne foi, quelle concurrence sérieuse pourrait-on faire, par exemple, à un théâtre comme le Gymnase-Dramatique, qui est bien situé, qui est dirigé d'une façon honorable et intelligente, et qui a, pour jouer quelquefois des chefs-d'œuvre, une troupe excellente à la tête de laquelle brille une artiste du premier ordre ?

Non-seulement sa clientèle ne diminuerait pas, mais la concurrence lui assurerait aussi bien qu'aux théâtres impériaux un recrutement facile d'auteurs et d'artistes déjà célèbres.

Tout le monde, pour s'amuser, n'a pas besoin de chefs-d'œuvre joués d'une façon supérieure ; la grande majorité des spectateurs ne pourrait pas et ne voudrait même pas les payer, car, quoi qu'on fasse, le nombre des auteurs et des acteurs d'un grand talent sera toujours fort limité et leur position matérielle ne sera nullement amoindrie par ce qu'on appelle à tort la concurrence : ce qui est grossier, commun, n'a fait et ne fera jamais concurrence à ce qui est distingué, choisi ; mais c'est par la liberté seule que toutes les forces, toutes les ressources du pays pourront être employées, comme c'est par leur comparaison entre elles que le goût et l'intelligence des masses finiront par s'épurer et par s'élever au niveau même de l'art. Sous ce régime de liberté, tous les travailleurs dramatiques trou-veront-ils de l'emploi et se montreront-ils satisfaits ? tous, non ; mais du moins personne n'aura plus le droit de se plaindre, ce qui est beaucoup !

Inutile d'en dire plus long sur ce sujet. Tant qu'un gouvernement bien convaincu lui-même ne décrétera pas cette liberté nouvelle, elle rencontrera beaucoup d'enne-mis, car nous sommes, nous autres Français, sans cesse combattus entre le désir et la crainte de la liberté. Ce qu'il y a d'évident, c'est que cette question est à l'ordre du jour et que le nombre de ses amis s'est considérablement accru dans ces derniers temps, sans doute parce que, plus que jamais, le besoin s'en fait sentir. Espérons donc que l'homme d'État éminent à qui est destinée la gloire de prendre en main cette noble cause, n'est pas bien éloigné de nous, et qu'avant de se laisser décourager par les obstacles énormes que les satisfaits du *statu quo* ne manqueront pas de lui opposer de tous côtés, il en fera faire au moins une expérience sérieuse.

Il va sans dire que la province ne doit pas être soumise à un autre régime que Paris. La décentralisation dramatique est une de celles qui peuvent lui être appliquées.

II

POLICE DES THÉÂTRES

En admettant que la liberté d'exploitation dramatique soit décrétée, il existe des lois de police sur les théâtres qui la rendraient illusoire, si ces lois n'étaient pas modifiées. Ainsi, par exemple, nous trouvons juste qu'on impose l'obligation d'être isolés de tous côtés à ceux des théâtres impériaux ou non qui exploitent des genres de spectacles plus sujets que d'autres à produire des incendies, tels que ballets, féeries, etc., etc., où les changements à vue, les trucs, les décorations extraordinaires et la pyrotechnie surtout sont continuellement employés; mais qu'on soumette aux mêmes lois, les théâtres non jumelés, n'ayant ni second, ni troisième, ni quatri

cinquième dessous et qui se contentent d'exploiter la
comédie, le vaudeville, le drame, l'opéra-comique et l'o-
pérette, c'est-à-dire des genres n'offrant plus à beaucoup
près les mêmes chances d'incendie, c'est ce qu'il est
permis de trouver exagéré. Or, cet excès de précautions
deviendrait extrêmement nuisible, car, en nous plaçant
toujours au point de vue de la fondation du théâtre à
bon marché par la liberté industrielle, c'est en imposant
aux théâtres des dépenses inutiles qu'on arriverait à con-
fisquer d'une main ce qu'on aurait donné de l'autre.

Il existe d'ailleurs, nous le savons, une pierre d'achop-
pement contre laquelle la question qui nous occupe court
grand risque de se briser et que nous nommerons : la
dignité gouvernementale. En effet, il a été proclamé de-
vant nous que le gouvernement aimait et encouragerait
les grands théâtres, mais non les petits. Cela demande
une explication qui rendra peut-être impossibles tous
malentendus.

Les théâtres impériaux, et nous en sommes tous glo-
rieux, sont maintenus par le gouvernement sur un pied
digne de leur rôle, qui est de représenter l'art national
dans ce qu'il a de plus élevé. Aussi leur accorde-t-on
des subventions plus ou moins fortes, quelquefois illimi-
tées et leur construit-on des salles vastes et splendides
formant de véritables monuments publics. Ce sont des
théâtres de luxe sous tous les rapports et dont le spec-
le est souvent dans la salle. Moralement et matériel-

lement ils sont aussi grands que possible; cependant il ne faudrait pas, les prenant pour modèles, en ce qui concerne les autres théâtres, confondre le contenant avec le contenu, comme on est trop souvent tenté de le faire, et s'imaginer que l'importance d'un théâtre dépend du nombre de ses places et par conséquent de la capacité de sa salle. C'est, croyons-nous, uniquement la qualité des œuvres et celle de leur exécution qui font la valeur d'un théâtre. Sur ce point, le gouvernement n'est-il pas de notre avis? Donc, si nous insistons sur cette question des petites et des grandes salles, c'est qu'elle a une importance capitale.

Dans l'industrie, on le sait, les petites affaires se montent plus facilement que les grandes et la fondation d'un grand théâtre est et sera toujours une grosse, une très-grosse affaire, exigeant un véritable monument, qui, d'ordinaire, représente un loyer de 80 à 100,000 francs et tout le reste à l'avenant. Ce serait donc gêner et limiter singulièrement cette industrie nouvelle que de n'en autoriser l'exercice que dans un local de cette importance.

Au contraire, si, avec une modeste troupe de douze ou quinze artistes, un industriel se procure pour un loyer d'une vingtaine de mille francs une salle convenable, mais économique, pouvant contenir, je suppose, huit cents personnes, toutes bien assises, comme en Amérique, presque exclusivement dans des fauteuils de rez-de-chaussée ou de première galerie et payant, que sais-je, en moyenne deux francs chacune au plus, prix qui permettrait encore de faire 1,600 francs de recette, tous les quartiers de la ville pourraient espérer avoir un théâtre, ce qui donnerait partout du mouvement, de la vie et disséminerait également le plaisir.

Les petites salles, d'ailleurs, quand elles ne sont pas de véritables étouffoirs comme certaines de notre connaissance, valent beaucoup mieux que les grandes ; elles sont moins fatigantes pour l'organe des acteurs comme pour les yeux et les oreilles des spectateurs. Posons donc en principe que deux salles de spectacle contenant chacune 800 personnes sont préférables, sous tous les rapports, à une seule en contenant 1,600 ; d'abord parce qu'elles occupent une plus grande superficie de terrain ; qu'ayant plus de voisins elles déplacent moins de spectateurs et qu'ensuite elles emploient plus de monde, jouent plus d'ouvrages et sont toujours plus confortables, en ce qu'elles peuvent se contenter d'un ou de deux étages au plus, tandis que les grandes salles, toujours limitées par les organes humains et ne pouvant pas être par trop profondes, sont, en revanche, ridiculement élevées et de telle sorte que la moitié des spectateurs y sont ou aveuglés par le lustre ou mis à la torture dans les étages supérieurs, y compris le paradis, ainsi nommé par dérision. Nous savons que plusieurs âmes exclusivement charitables pour cette industrie, s'inquiètent des faillites que ce nouveau régime pourrait amener ; elles oublient que pour qu'il y ait assez de théâtres pour le public et pour les travailleurs, il faut qu'il y en ait trop pour les directeurs maladroits.

Quant à la question morale, elle regarde la censure dont nous ne sommes pas assez indiscret pour demander la suppression, suppression qui paraît être mais qui n'est pas une conséquence de la liberté industrielle.

La censure, reconnaissons-le d'ailleurs, est presque indispensable aujourd'hui à la sécurité commune : si, au lieu d'être soumis au régime préventif, les théâtres étaient, comme le sont les journaux, soumis au régime répressif, les directeurs et les auteurs deviendraient beaucoup trop timides. Ce qu'il faut souhaiter, c'est que la censure ait une plus grande autorité morale, et que, pour se mettre tout à fait à la portée des circonstances nouvelles, elle se montre encore plus intelligente que par le passé, si c'est possible, dût-elle même prendre sur elle d'encourager tous les genres véritablement dramatiques, à l'exclusion de certaines exhibitions contre lesquelles l'art ne saurait lutter !

Sous ce régime, du reste, il est clair qu'elle ne pourrait pas être partout la même, pas plus à Paris qu'en province où, selon les localités, on permet ou défend certains ouvrages. L'opéra de *Charles VI*, représenté si souvent à Paris et dans les grandes villes de province, ne vient-il pas d'être défendu à Bordeaux ? ce qui prouve qu'en province la meilleure censure sera toujours celle de chaque préfecture.

Mais terminons ce long bavardage : il est impossible de tout dire sur ce sujet! Nous ne nous sommes que trop laissé entraîner à traiter au courant de la plume des questions de détails qui paraîtront peut-être ridicules. Peu importe, si elles font réfléchir et trouver la vérité absolue.

Ce qu'il ne faut pas craindre de répéter, c'est qu'en accordant la liberté industrielle du théâtre, le gouvernement s'assurera la reconnaissance de la grande majorité de ses gouvernés, et que ceux d'entre eux à qui elle serait imposée tout d'abord n'oseraient pas la traiter de tyrannique, tant est légitime et sainte la toute-puissance de ce mot : Liberté!

FIN.

Paris. — Imp. de la Librairie Nouvelle, A. Bourdilliat, 15, rue Breda.